Peking Studies

我的老北京印象

荷兰大使夫人镜头里的民国世相

〔荷　兰〕爱伦·凯特林（Ellen Catleen）著
〔奥地利〕费里德里希·希夫（F.H.Schiff）绘
张春颖 译

CCTP
中央编译出版社
Central Compilation & Translation Press

图书在版编目 (CIP) 数据

我的老北京印象：荷兰大使夫人镜头里的民国世相 / (荷) 爱伦·凯特林著；(奥) 费里德里希·希夫绘；张春颖译．—北京：中央编译出版社，2017.4
书名原文：Peking Studies
ISBN 978-7-5117-3287-3

I. ①我… II. ①爱… ②费… ③张… III. ①北京－地方史－史料－民国－摄影集 IV. ① K291-64

中国版本图书馆 CIP 数据核字 (2017) 第 045156 号

我的老北京印象：荷兰大使夫人镜头里的民国世相

出 版 人：葛海彦
出版统筹：贾宇琰
责任编辑：谭 洁 王丽芳
责任印制：尹 珺
出版发行：中央编译出版社
地 址：北京西城区车公庄大街乙 5 号鸿儒大厦 B 座 (100044)
电 话：(010) 52612345 (总编室) (010) 52612349 (编辑室)
(010) 52612316 (发行部) (010) 52612317 (网络销售)
(010) 52612346 (馆配部) (010) 55626985 (读者服务部)
传 真：(010) 66515838
经 销：全国新华书店
印 刷：河北下花园光华印刷有限责任公司
开 本：787 毫米 × 1092 毫米 1/16
字 数：80 千字 152 幅图片
印 张：8
版 次：2017 年 4 月第 1 版第 1 次印刷
定 价：36.00 元

网 址：www.cctphome.com 邮 箱：cctp@cctphome.com
新浪微博：@ 中央编译出版社 微 信：中央编译出版社 (ID：cctphome)
淘宝店铺：中央编译出版社直销店 (http://shop108367160.taobao.com)

民国时期，荷兰驻华大使的夫人爱伦·凯特林（Ellen Catleen）女士拍摄影了大量老北京的风光、民俗照片。她遴选部分照片，配以适量文字，并由奥地利籍著名犹太漫画家费里德里希·希夫（F.H.Schiff）绘制滑稽漫画，编成一册结合优秀摄影作品和风趣漫画的旧京图集，于1934年在上海出版。书中通过虚构人物皮姆先生（Mr.Pim）及导游吴先生（Mr.Wu）的游览，再现了当时祥和、安静的北京城及北京人的生活。

北京！

介绍

皮姆先生和吴先生

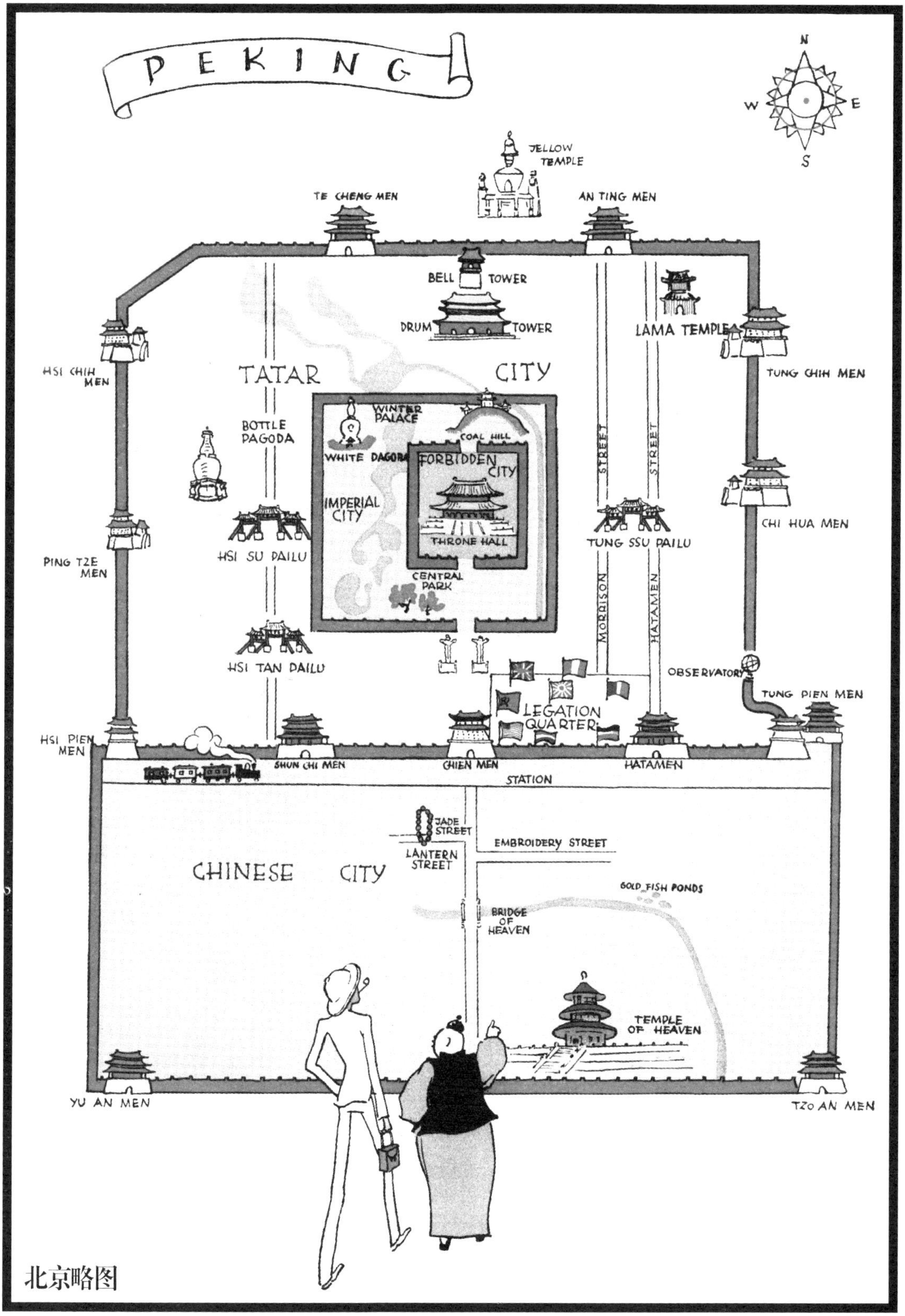
PEKING
N
W
E
S
JELLOW TEMPLE
TE CHENG MEN
AN TING MEN
BELL TOWER
DRUM TOWER
LAMA TEMPLE
HSI CHIH MEN
TATAR CITY
TUNG CHIH MEN
WINTER PALACE
COAL HILL
BOTTLE PAGODA
WHITE DAGOBA
FORBIDDEN CITY
IMPERIAL CITY
THRONE HALL
MORRISON STREET
HATAMEN STREET
TUNG SSU PAILU
CHI HUA MEN
HSI SU PAILU
PING TZE MEN
CENTRAL PARK
HSI TAN PAILU
OBSERVATORY
TUNG PIEN MEN
LEGATION QUARTER
HSI PIEN MEN
SHUN CHI MEN
CHIEN MEN
HATAMEN
STATION
JADE STREET
LANTERN STREET
EMBROIDERY STREET
CHINESE CITY
GOLD FISH PONDS
BRIDGE OF HEAVEN
TEMPLE OF HEAVEN
YU AN MEN
TZO AN MEN

北京略图

哈达门

小吃摊上的小孩儿

Sunday
Special
50 cts

走街串巷卖糖人儿的

>> 街头小贩

老北京人把纵横交织的僻街陋巷称作胡同，在这些胡同里，各种叫卖声和响器声不绝于耳，就像一个规模庞大的交响乐队。吴先生向皮姆详细介绍了这些声音所代表的意义。小贩们终日走街串巷，向人们兜售各种不同的货物。每一个行业基本都有其特定的吆喝声和专用的响器。皮姆先生坐在屋里，静心倾听。他已经能够辨别出这只“古老管弦乐队”的多种声音。

卖糖人或糖果的小贩会敲打一个大铴锣。

小鼓声或高亢的敲锣声说明卖牙刷的、梳妆用具的以及卫生间用品的小贩来了。

烟贩手拿小铜碗，不断地敲击，发出清脆的声音。

卖蛋糕的小贩手里摇动着拨浪鼓，而卖油、醋和酱油的小贩敲打的则是一个大木锣。

补鞋匠手里挥动着一个小锤，不停地敲击着铁掌。

当低沉的喇叭声传进屋内时，皮姆先生知道是“磨剪子来嗨锵菜刀”的小贩过来了。

当此起彼伏的各种吆喝声中传来独轮水车吱吱嘎嘎的声音时，人们就该出来买水了。

日复一日，叫卖各种货物的小贩接踵而至，又一个接一个地离开。皮姆先生如果想要分辨出所有的叫卖声，将需要很长一段时间。

前门进出的小贩

THE CENTRE OF THE WORLD

>> 寰丘坛

皮姆先生通过查阅大量的资料了解到，祈年殿始建于公元1420年。1889年被雷电击毁后重建。环绕圣殿的围墙很长，全长超过3.5英里。祈年殿是中国最具有标志性的人文古迹之一，皮姆先生已经做好安排，去祈年殿参观游览。

在实地领略天坛的风采之前，皮姆先生的心中已经充满了无限的遐想。然而，当他真正来到天坛时，眼前宏伟的建筑还是远远超出了他的想象。面对这座巨大的圣坛，他伫立良久，默默地问自己：这座大殿到底具有什么力量，能让自己的心灵受到如此之深的触动。这座坛庙非常美，虽然在中国，类似的建筑有很多，却没有一座能够像它那样给人一种庄严肃穆的感觉。皮姆先生缓步前行，向祭天台走去。从祈年殿到祭天台（译者注：祭天台亦称圜丘坛）之间有一条很长的石桥甬道。（译者注：圜丘坛和祈谷坛之间的甬道称丹陛桥，长360米。）地面和祭坛的高台之间，隔着三层台阶，每层台阶共有9级。皮姆先生登上了这27级台阶。根据中国人的宗教信仰，“九”这个数字具有某种神秘的力量，所以中国人都把“九”这个数字看得非常神圣。

在高台之上，皮姆先生发现，自己脚下踩着一块圆形石板。他抬头仰望高空，没有一个地方的天空能像北京的天空这样蔚蓝。冥冥之中他突然感觉到，中国人坚信踩在自己脚下的这块圆形大理石就是世界的中心绝非妄言。随即，皮姆先生感到天坛和祭天台不仅富丽堂皇，而且以一种几乎超自然的形式，诠释了世界上最古老的文明所蕴含的哲学和信仰。

祈年殿

古董

>> 古董

一个悲观论者（Pessimist）曾经对皮姆先生说："古董，并非都是偷来的或赝品。因为自辛亥革命以来，中国的无数奇珍异宝从故宫流失到海外。然而，所有流失的珍宝总数居然比中国历代皇宫里所有珍宝的总和还要多。"

皮姆先生从来就不相信悲观论者的观点。他认为漂亮的古玩不可能全是偷来之物。假如是赝品的话，谁还在乎它们的新旧呢？只要外国人相中了，又肯出高价，中国的手工艺人就可以仿制，以此换钱来维持生计。

熏炉

古董商

>> 黄寺

黄寺塔

黄寺雕刻

胡同百象

>> 胡同百象

一天，皮姆先生看见两个卖苦力的人在打架。

皮姆先生问他的同伴吴先生："他们为什么打架？"

吴先生答道："哦，因为鼻子淌着血的那个人对眼睛被打得红肿的那个人说滚天桥去吧。"

皮姆先生感到莫名其妙。

吴先生继续解释道："这是北京人彼此之间说的最能侮辱人格的一句话。"

第二天，皮姆先生特意来到前门外一个不起眼的大理石建造的小桥上，迫切希望能够再次看到同样的事件。但是，类似的事情一件也没再发生。在桥上，皮姆先生只看到一群群乞丐和衣衫褴褛的穷人，正是这些人碍手碍眼，令人感到不快。皮姆先生觉得，可能就是因为这些乞丐和穷人，人们才会把无辜可怜的桥与抢劫、卑鄙以及道德败坏联系在一起。

北京古观象台

>> 观象台

皮姆先生获悉，中国现在的观象台是由一位外国人创办的。这个人就是著名的南怀仁神父（Father Verbiest）。他是17世纪耶稣会的一名传教士。因为南怀仁神父也是一位伟大的数学家，所以由他负责北京天文观测台的管理工作。这个天文观测台最初是由元世祖忽必烈于1279年建造的。

南怀仁神父在北京天文台工作多年。当时，他铸造了许多新的仪器，还从欧洲进口了其它一些仪器。南怀仁还将一部分数学原理引入了中国。这些数学原理取代了中国占星学家以往对四个象限和二十八宿的迷信研究。

>> 雍和宫建筑屋顶

雍和宫内景

雍和宫佛像

雍和宫内景

>> 雍和宫

皮姆先生非常想去雍和宫参观游览，因为他早就听说，雍和宫不仅是北京最漂亮的寺庙之一，从某种意义上讲，它还是西藏地方政府的驻京办事处。西藏地方政府的所在地在西藏首府拉萨。

北京雍和宫是活佛的住所，陪在活佛身边的是黄教的喇嘛，有数百人之多。黄教是一个宗教组织。在蒙古和西藏，黄教在老百姓中有极大的影响力，远远超过其在北京的影响。

很久以前，雍和宫是皇宫。后来，一位皇帝深受藏传佛教（译者注：俗称喇嘛教）的影响,非常崇尚此教，于是便把雍和宫赐予喇嘛作为居所。

皮姆先生到达雍和宫时，正赶上喇嘛念早经。只见他们身穿红袍，肩上披着黄布褊衫，端坐在大殿的地板上念诵经文。他们的嗓音十分低沉，经文的发音又很奇怪，皮姆先生实在听不明白。雍和宫的六个大殿里都有喇嘛在诵经。皮姆先生被雍和宫的美震撼了。这个清幽的庙宇充满了和谐的气息，皮姆先生被这种气息深深地吸引了。

诵经的喇嘛坐在地板上一动不动，似睡非睡。小喇嘛们神情严肃，在阳光明媚的寺院里穿梭。这些小喇嘛看上去大概只有十岁左右。他们每一个人都有自己的喇嘛师傅。平时，他们跟师傅学习藏语经文，研习佛教经卷，一直学到能够通过喇嘛教的格西考试。（译者注：格西分为四等，第一等格西称“拉然巴格西”，第二等格西称“措然巴格西”，第三等格西称“林塞格西”，第四等格西称“多然巴格西”，级别最低。）通过格西考试就证明他们已经成为了一名合格的喇嘛。

小喇嘛

诵经的喇嘛们

>> 音乐

在中国，有很多东西是外国人很难理解的。最让他们感到莫名其妙的就是中国的音乐了。

皮姆先生根本不会欣赏中国乐队弹奏出来的任何曲调和节奏：他几乎听不懂他眼里的那些奇怪的乐器所演奏出来的5/4拍的音乐。

后来，皮姆先生遇到了一位中国音乐教授，便向他请教，让他介绍一点儿中国的音乐知识。皮姆先生解释说："我已经尽我最大的努力去领悟中国音乐所要表达的人类情感以及中国听众对音乐的反应，但是，我无论如何也悟不透。中国音乐对于我来说，只是单调的声音。我一点儿也听不出节拍的强弱，更辨别不出音乐节奏的变化。我根本不懂得中国音乐到底要表达怎样一种内心的情感。"

音乐教授答道："公元前200年，有人写了一本《中国史》（Chinese History，疑为《史记》）。上面有一句话可以回答您的问题。"教授继续说道："这句话是这样的，如果一个国家的音乐轻柔舒缓，给人一种愉悦的感觉，那么表明这个国家一定很富足、很安定；如果一个国家的音乐音调不协调，让人难以理解，则证明该国政局不稳，政府不能给老百姓带来安全感。所以说音乐与政治有着紧密而直接的联系。现在，你所提出来的问题的答案就在于此。中国音乐有其特殊性，这主要是由两个因素决定的。首先，在中国，音乐一直是一种贵族艺术。作曲家努力通过音乐来表达道德情感和英雄主义。他们所写的词、所作的曲都是为历代君王服务的。由于他们对'天子'惟命是从、忠心耿耿，他们不得不把音乐的创作按照传统形式表达出来，通过这种形式把人类的所有情感展现在帝王的面前。其次，历代帝王的最大愿望就是利用音乐向平民百姓逐渐灌输最高尚的道德情操，培养他们的忠心和奉献精神，这是中国音乐灵魂之所在。因此，中国没有任何偏激的音乐。中国古代一位皇帝曾经对中国音乐做了如下解释：'所有音乐都应该朴实而轻柔、友善而勇敢、质朴而谦逊，毫无残酷之感，毫无傲慢之意'。"

皮姆先生认为，中国五千年的音乐知识底蕴也许也影响了现代西方音乐。

乐器图

1. 法螺：法螺是蒙古族的一种吹奏乐器，用贝壳做成。
2. 笙：笙是中国式的簧风琴。
3. 唢呐：唢呐是由红木制成的管状吹奏乐器，流行于京城一带。人们认为唢呐起源于中国西部的原始部落。中国的唢呐与印度唢呐十分相似。
4. 埙：由粘土和漆烧制而成的吹奏乐器，在古代是宗庙以及宫廷举行典礼和宴会时所用的乐器。
5. 人皮鼓：人皮鼓是一种藏鼓，它是由人的头盖骨和人皮制作而成的。
6. 缶：缶是中国非常古老的一种打击乐器，它是由青铜制作而成的一种乐器。
7. 梆子：梆子是由木头和皮革制作而成的一种鼓。
8. 铃：汉族称其为西藏铃，是寺院中的喇嘛使用的一种乐器。

>> 婚礼

在中国，孩子的婚姻通常由父母包办。如果两家人希望关系亲上加亲，双方的父母就会为孩子们从小订下娃娃亲。男孩和女孩的家长首先要请算命先生来排八字，只要男女八字相合，家长便会达成协议将亲事定下。当两个孩子到了成熟的年龄，家长便为他们操办婚事。新娘会穿着一身大红色的衣服，坐在八抬大轿上从娘家启程赶往婆家，婚礼正式开始。轿子被裹得严严实，一路上有乐队随同，锣声震天，热闹非凡。

新娘子

新娘来到新家之后，首先要拜见公婆，然后拜见婆家亲属，最后才能见到丈夫，这也是她有生以来第一次看到自己的丈夫。到此为止，婚礼就算结束了。

中国的婚姻不需要政府批准，也无需牧师证婚，只要男女双方家庭认可，履行了传统的仪式，便成为合法的婚姻。

迎亲的队伍

经过宝塔的蒙古赶驼人

>> 算命先生

算命的

北京的算命先生不是只会为人们预测人们希望发生的一切的占卜家。他们绝对不是这样的人！北京的算命先生是科学家。没有算命先生指点迷津，没人会贸然行事。

算命先生精通中国的黄历。黄历以阴历为标准，分成120个时间段，即120个阴历年（译者注：阴历年亦即农历年），然后再细分为不同的时间段，十二年为一段，共有十个这样的时间段。120年构成了一个生命的轮回，并由下面几种元素来命名：水、火、木、土、金，循环往复。农历年包括十二个月，如果遇到闰年，农历年便有十三个月。日期按如下方式计算，第一天的中午到第二天的中午为一整天，一天分成十二个时辰，这些时辰由动物的名字来命名，比如马时、猴时、狗时、兔时、蛇时等等。

每个人都想知道自己或家庭一生中能否事事如意。比如，父母为儿子相媳妇时，必须要请教算命先生算上一卦，看看女孩的生辰八字和星象好不好，跟儿子的生辰八字、星象是否相得益彰，至少不能发生冲突。按照中国的阴阳理论，兔时出生的水命男人，绝不能跟虎时出生的火命女孩结婚，因为老虎会吃掉兔子，水会把火浇灭，这样的结合必然会给彼此带来灾难。如果两个人八字匹配、星象互利，即便算命先生没有准确地算出两个新人结婚的最佳日期以及最佳时辰，他们婚后的生活也一定会非常幸福美满的。

每当孩子出生、商铺开张时或者准备出行的时候，中国人都要找算命先生算一算……甚至当家人死后要出殡时，中国人也要找来算命先生算出哪时哪刻是最佳时辰，以便让死者能够顺利通过进入另一个世界的奈何桥。有时，在算命先生算好出殡的最佳时辰之前，人们不得不将亲人的尸体在棺椁里停放数月。

>> 东四牌楼

驶过东四牌楼的压路机

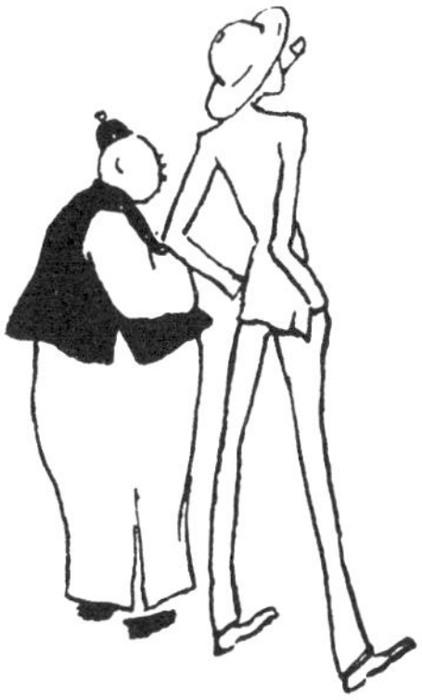

>> 景泰蓝作坊

制作景泰蓝

>> 木材厂

木匠

特使

观音侍从，宋朝，约10世纪。

>> 麻将

半个世纪之前，麻将由港口城市宁波传入内地，旋即风靡全国，成为最受中国人欢迎的娱乐活动，中国人对麻将的喜爱甚至达到了狂热的程度。中华民族最显著的特点之一，就是他们对各种赌博活动的热情。

玩麻将

修鞋匠

>> 葬礼

对于佛教教徒来说，生命是实现尽善尽美的载体，死亡才是得到永久安宁和幸福的起点，因此中国人对死者的敬畏远甚于对生者。中国人的道德和家族意识源于崇拜祖先的习俗。

父亲寄希望于儿子、祖父寄希望于孙子，他们希望在自己百年之后，儿孙能够为他们祈祷，祈祷他们在另一个世界里享受快乐；孩子们也敬重自己的先祖，希望先祖的在天之灵能够保佑自己。

死亡是中国人家族香火世代相传最重要的纽带。对于中国人而言，死亡并非可怕的事情，因为在他们眼里，死亡并不是存在的终结。因此在中国，所有阶层的人都会尽最大的努力，不惜耗尽家产，甚至借债求助，为了尽可能把丧事办得既风光又体面，他们想通过这种方式让家庭中的已故成员被极乐世界所接纳。

吹唢呐

万寿寺佛像

慈禧曾下榻的凉亭

慈禧曾下榻的凉亭

>> 纳妾

吴先生有一个朋友，是位家财万贯的老富绅，属于社会名流那一类。因妻子疾病缠身，亦不能生育，富绅娶了二房传宗接代。但二房在为富绅生下一子后，变得嚣张跋扈，不可一世，富绅对她再无怜爱之意，于是又从茶馆里买了一个漂亮的戏子。富绅对这个戏子宠爱有加，非常舍得为她花钱，给她买房子、衣服、珠宝首饰、几十瓶法国香水、鲜花以及其它物品一百多种，并纳其为妾。随后，老富绅邀请吴先生来看看他的新宠。

吴先生想让皮姆先生开开眼界，遂带他一同前往。于是，皮姆先生有幸跟北京城里最漂亮的戏子坐在一起喝茶。北京城里聚集的都是全国最漂亮的戏子。

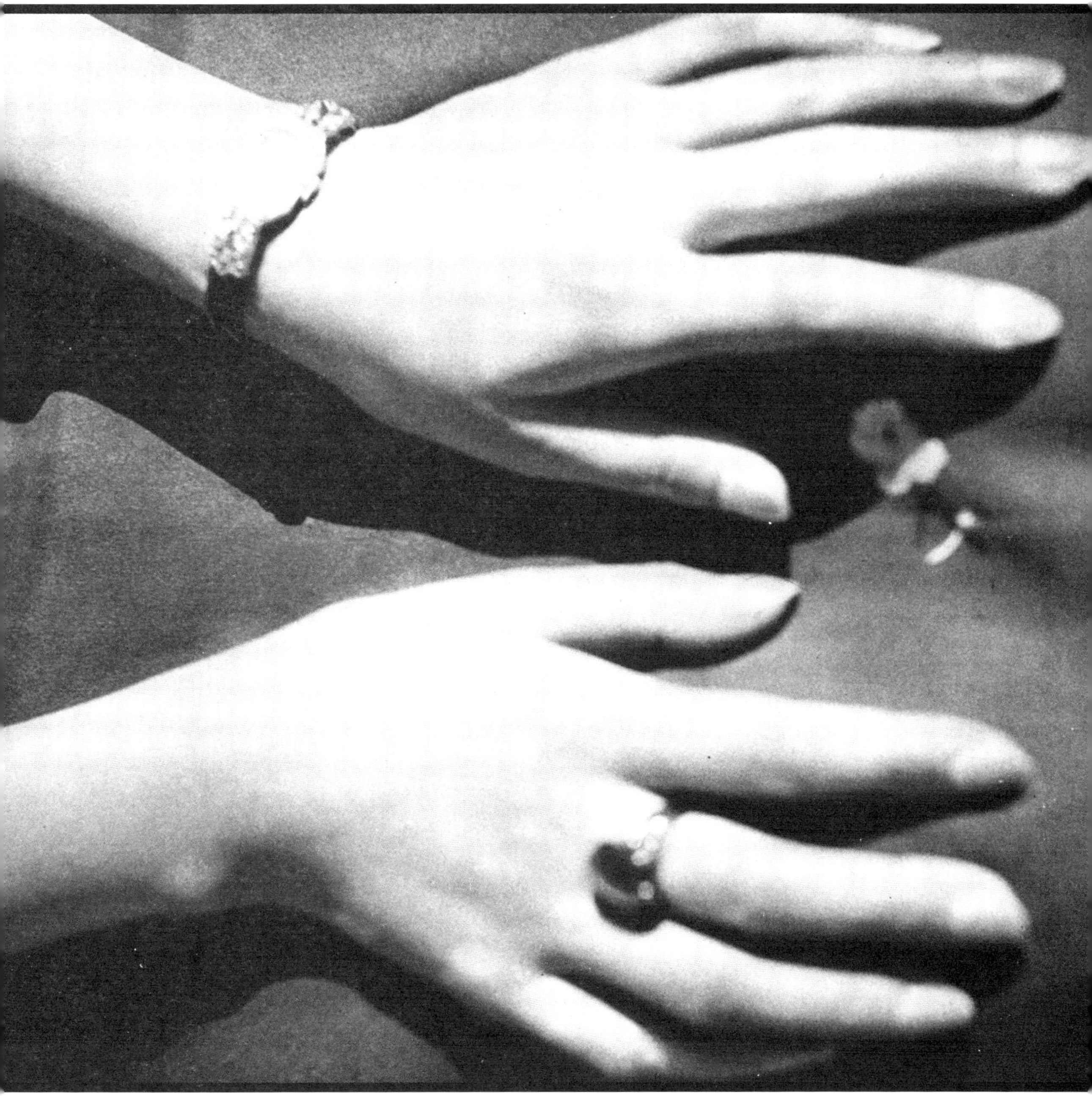

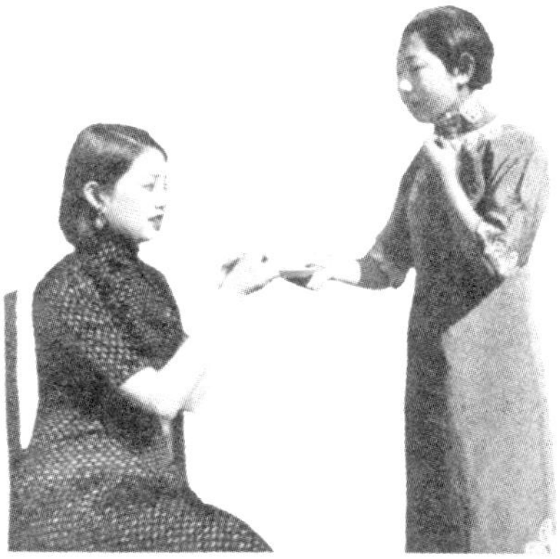

>> 街头一瞥

吃小吃的

哥俩

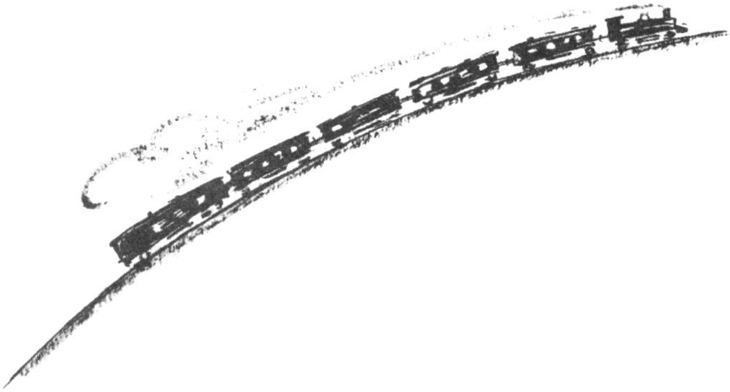

街上的马车

剃头

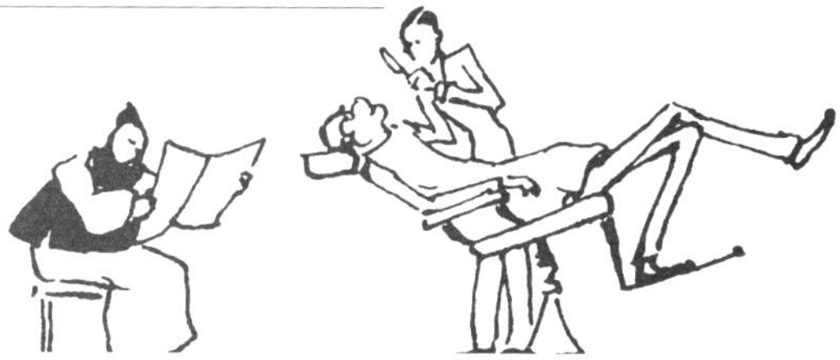

>> 一座小塔的故事

很久很久以前，在中国皇帝定都南京的时候，修建了一座小铁塔。皇帝非常喜欢这座塔，经常到那里去祈福。

后来，皇宫向北迁移，搬到了北京。小铁塔被孤独地留在了故都南京。它变得十分抑郁，无时无刻不在思念它忠实的皇帝。最后，小塔再也无法忍受离别之苦，启程去寻找它至高无上的朋友。它一路走着、跑着，跌跌撞撞奔向北京。

从南京到北京的路途非常遥远。长途跋涉之后，可怜的小塔已经疲惫不堪，变得十分虚弱。它精疲力竭，几乎失去了信心，觉得自己快支撑不到北京了。

但是，小塔咬紧牙关，苦苦坚持，终于有一天，它能够远远地望见新首都的城墙了。气势磅礴的城墙深深地触动了小塔疲惫的心。它浑身一软，瘫坐在地，再也无法挪动半步。

御林军发现了疲惫至极的小塔，急忙向皇帝禀报说小铁塔在来京觐见的路上由于过度劳累瘫倒在了路旁。皇帝深受感动，带领文武百官出城隆重迎接小塔。皇帝还下旨在小塔瘫倒的地方另建一座高塔，将小塔置于高塔之上，以便让小塔好好地休息，同时还可以远眺都城。

直到现在，小塔如同一根破旧的铁棍依然矗立在那里，凝视着远方的城池，城中的皇帝早已带着忠诚的信念去了另外一个世界，但是小塔的故事永远地流传了下来。

小塔

进入永定门

求助

下面是恳求帮助的一段文字（译文）：

尊敬的过路人，请你们停下脚步看看这张纸上的文字吧。我出生在板清区（音译）。我的母亲曾经在北京景德口街（音译）工作。去年秋天，我和家父来到北京寻找家母，但是，家母已经和老板去了山东。我们无处可去，只能投宿在前门外寿德石胡同（音译）的一个小客栈里。直到现在，我的母亲仍然毫无音信。我们已经欠下了很多债。我们想回家，已经变卖了所有的衣物。不久前，家父得了感冒，到现在已经病了十天之久，我却没钱给父亲看病买药。我已经一整天没吃任何东西了。我从来没有做过乞丐，也不敢像乞丐一样在街上拦路乞讨。在我们暂住的小客栈里，有一位会识文断字的住客，我求他帮我写下了纸上的这些文字。求求你们，哪位有菩萨心肠的好心人请给我点儿钱，帮助我和家父回家，我们将永远铭记您的大恩大德！

>> 周末赶集

卖瓷器的

卖鞋的

寺庙门口

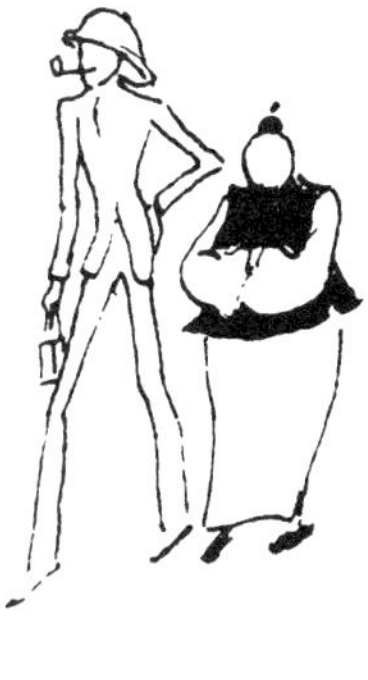

>> 水中的鸭子

水中的鸭子

>> 卖旧衣

摆摊卖旧衣的老人

>> 剧院

皮姆先生和吴先生来到剧院。剧院里座无虚席，人们喝着茶水，嗑着瓜子。男女老少都目不转睛地盯着舞台，全神贯注地看戏。剧院里有许多打杂的伙计不停地打扫着地上的花生皮，给客人们添茶倒水，为他们递上热毛巾擦手擦脸，然而，却没人注意这些忙碌的伙计。

舞台上传来震耳的铜锣声。伴随音乐的节拍，演员们陆续出场。他们嗓音尖细，音调很高，姿态怪异，脚步舒缓而有节奏地通过舞台。

皮姆先生转过身来问他的朋友："请您给我讲一讲中国戏曲和欧洲的表演之间的区别吧。"

"首先"，吴先生答道，"我们不会像你们欧洲人那样去剧院看'惊悚片'，那一类电影讲述的是我们这个时代的问题或者是我们这代人的个性问题。中国所有戏剧的主题都是相似的，主要描述的全都是历史人物的英雄事迹，赞美英雄人物的美德和高尚行为。"

皮姆先生吃惊地说："对于演员来讲，每次都以生动而富有个性的方式去扮演相似的角色该有多难呀！"

吴先生紧蹙了一下眉头，说道："朋友，我们中国的剧场并不允许你所说的'具有个性特色的演员'上场。演员的每一张脸谱，每一个姿势以及手脚的每一个动作都有其特定的历史意义。画有白色脸谱的演员扮演的是奸诈狡猾但地位显

贵的角色；扮演乞丐的演员都穿着棋盘状的亮色丝织外衣；扮演皇帝的演员总是身着黄袍出场，上面绣有上下盘绕着的五爪龙；如果扮演的是地位显赫的官员，也都会身穿黄袍，袍上绣有俯首的飞龙图案。演员左手执鞭，表明其即将下马，右手执鞭，则表明其即将上马。扮演女性和英雄的演员不化浓妆，只是略施脂粉而已，其官职和人物个性主要靠服装来进行区别和表现。”

“但是，演员们是如何掌握有关戏曲的这些详细知识的呢？”

“要想学习这门复杂的艺术，准演员们在七岁左右就进入戏曲学校开始学习中国戏剧。北京的戏曲学校是全国最好的。在七年的学徒过程中，男孩子们必须吃住在学校。他们从早晨七点开始，一直学习到晚上九点半，所学内容包括各方面的基础知识，此外还要进行杂技和唱功方面的刻苦训练。”

正在这时，皮姆先生看见一个妩媚多姿的女子正缓步走过舞台，步态优雅端庄。他随即问道：“你为什么只谈论男孩子？那些想成为演员的女孩子们又是怎样的呢？”

吴先生答道：“直到现在，在中国的绝大多数舞台上，女性的角色都是由男性代演的。”他瞥了一眼身旁的这位欧洲朋友，接着说道：“因此，在男孩子所学的课程当中，有一项最重要的训练，就是像中国的女子一样，学习用裹过的小脚走路。另外，你现在看到的舞台上的这名女子其实是男人。”

在接下来的表演过程中，皮姆先生一直沉默不语。

随后，皮姆先生又多次去剧院听戏。他非常渴望能够理解这门艺术，因为戏曲是中国人生活当中非常重要的一部分。有一次，皮姆先生欣赏到了著名表演艺术家梅兰芳先生的演出。梅兰芳扮演的女子比生活中的任何女子都更甜美、更富有魅力。他的一颦一笑，一举一动，都充分体现了所扮演的女性的内在美与外在美的完美结合。皮姆先生终于明白了，中国戏曲所蕴含的道德和教育力量几个世纪以来一直影响和教化着中国古老文明的子孙后代。

左：男演员在戏剧中扮演一位老母亲；右：一名演员扮演一位谦恭的年轻的女孩。

戏园子里练功的男孩

戏园子里练功的男孩

戏园子里练功的男孩

练功之余稍许的休息

戏园子里练功的男孩

排练节目的女孩子们

>> 骑马

骑马的小孩

>> 前门

前门的繁忙景象

>> 中央公园

中央公园之园景

中央公园雕塑

>> 北海

北海佛像群

九龙壁

>> 烟斗

抽旱烟的老汉

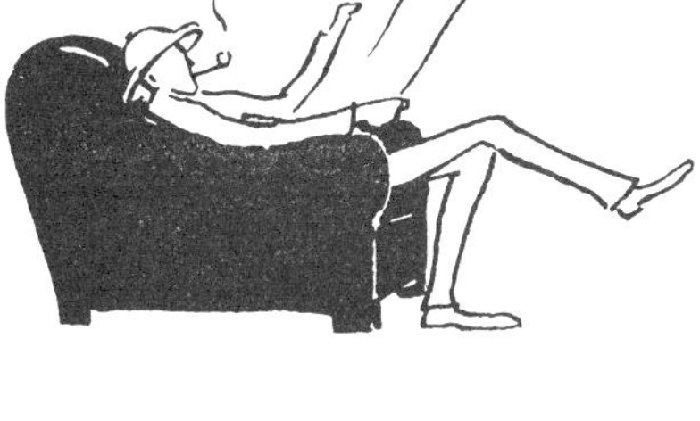

>> 人力车

在北京火车站外，有许多辆人力车停在那里等待客人。皮姆先生刚到中国时，曾经发誓永远都不会接受这种服务，这些车夫为了一点点微薄的收入就拉着客人跑街串巷。于是，吴先生向皮姆先生讲述了在北京电车启动仪式上人力车夫发生暴乱的事情。

当首批有轨电车开过北京哈德门大街（译注："哈德门"是北京内城九座城门之一的崇文门的俗称）时，成千上万的人力车夫蜂拥而至，推翻了威胁他们生计的这些机动车。他们宁可继续从事这份廉价的工作，也不愿意因为失业而无所事事。

皮姆先生认为，无论在中国还是在其它任何国家，发展都是必然的和必要的。但是，在不知不觉中，皮姆先生意识到，让人力车夫挣几个钱以维持他们的生计，可能比都坐现代交通工具而令他们饿肚子要好得多。

人力车车站

>> 使馆区

英国大使馆

英国大使馆

>> 哈巴狗

北京的狗

>> 中国的新年

在中国人为新年准备的所有物品中，最喜庆的一种就是方形空心蛋糕了。方形空心蛋糕形似人人喜爱的金字塔，每年阴历十二月三十那天，中国人总是将它放置在纸花和神像中间，作为祭拜喜神的贡品。

皮姆先生对中国非常感兴趣，渴望了解和学习更多有关中国的知识。为了温故而知新，他不断重复着吴先生教给他的常识："春节是中国最重要的节日，它标志着中国阴历年的结束，春节通常在基督教年历的二月份。"

吴先生想检查一下皮姆对已学知识的掌握情况，于是问道："那么，中国人是怎样庆祝新春的呢？"

"人们会尽力把所欠的账务偿还干净，背负着债务过年的人会永远失去信誉。"

"嗯，非常好！"

"此外，全家人都要买新衣服，家家户户都要大搞卫生。只要财力允许，他们会尽力装饰房间，越漂亮越好。他们在宅院的大门上和房屋的小门上都会贴上红色的对联，上面写着招财进宝、降康祈福等祝福的话。家里的男孩和下人忙前跑后，挨家挨户地给亲朋好友送新年礼物；鞭炮声此起彼伏，欢声笑语充满了大街小巷，人们满怀热情地等待春节的到来。"

"前几年"，吴先生一边说一边竖起食指，为了让皮姆先生加深印象，"皇帝在位时，通常在天坛恭候新春的第一缕阳光。中国人认为天坛是世界的中心。皇帝独自一人在天坛巨大的天心石上向苍天跪拜，祈求苍天保佑国泰民安。大臣们都在下面敬候。"

“还有”，皮姆先生打断了吴先生，他急切地想要展示自己所学到的中国文化知识，“在中国，举国上下会同庆新春，将一直持续两个星期。初一到初五，所有店铺都关门歇业，所有工作都会暂停。人们虔诚地去寺庙祈祷，向神灵敬献祭品，以求来年获得好运和健康。人们也向鬼怪敬献祭品，这是为了让它们高兴，进而远离自己的家门。人们在寺庙里焚香、烧纸钱。家家户户燃放烟花爆竹，驱赶不祥之物。从社会的最高层到最底层，无论贫富，男人们呼朋唤友，妻子们则留在家中招待来宾，向父母嘘寒问暖、叩头请安。在庆祝新春的前两个星期里，每一天都有特别的祭礼。人们所做的一切祭礼都只有一个目的，那就是希望能够得到所信奉的神灵的眷顾。不论信奉道教、佛教还是儒教都一样。与宗教信仰相比，人们更相信传统观念。”皮姆先生一直滔滔不绝地讲着，直到他突然发现自己的老师牧师吴先生已经睡着了。

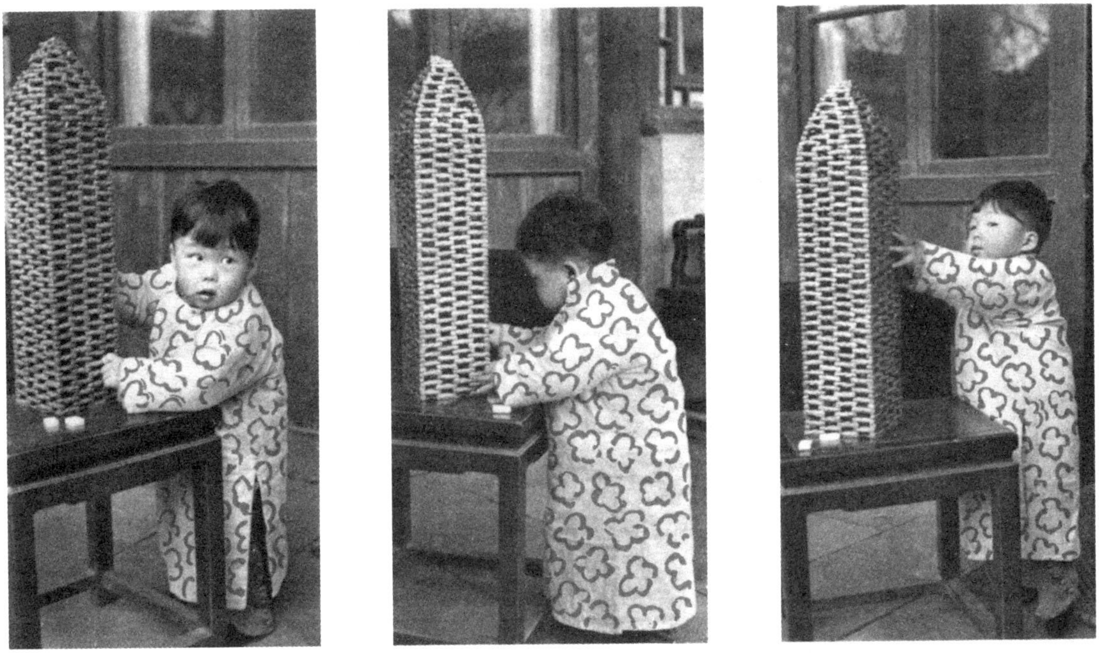

新年里，吃糕点的小孩。

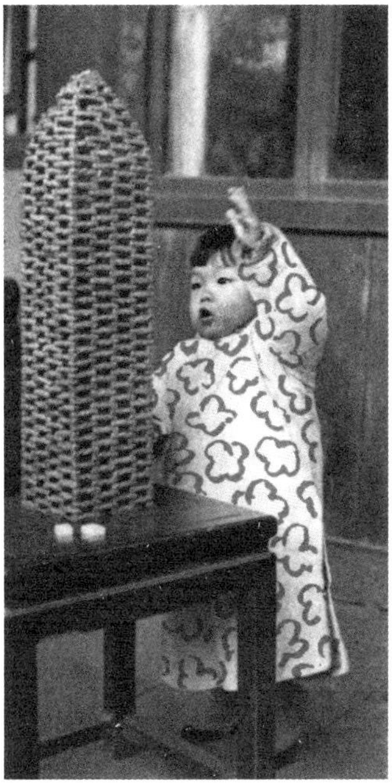

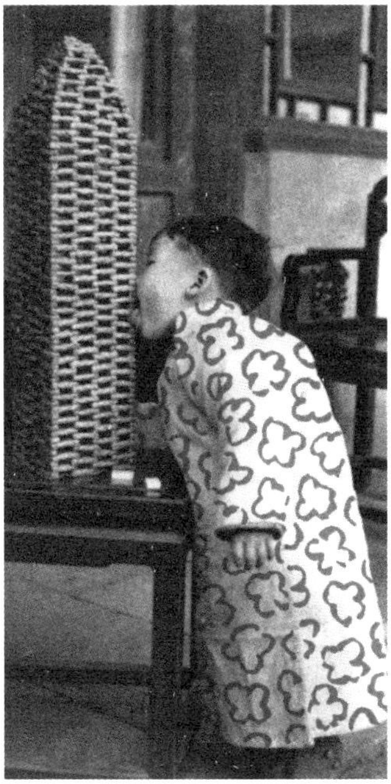

>> 玉泉山

玉泉山风景

玉泉山琉璃塔

>> 北京的地毯

北京的地毯业已经从一种本土工艺发展成为一项重要的产业。北京地毯已经进入欧洲和美洲市场，几乎取代了波斯地毯的地位。虽然北京有几家现代化的地毯制造厂，但是，能使皮姆先生眼前一亮的绝大多数产品都是由最原始的工具制造而成的。这些产品出自那些贫穷的手工艺者之手。他们分布在北京哈德门外的小胡同里。他们的居所就是作坊，在那里，他们辛勤地劳作着。

北京的地毯都是用纯羊毛制作而成的。工人们先用最原始的方法将羊毛清洗干净，然后用当地的草药、树皮和木头制成颜料进行染色。刚刚织好的棉经纱被挂在架子上抻直。年轻的小伙子们负责用粗纺毛纱把一股股棉经纱捆在一起，并将两头剪平，形成地毯绒头。一个纺织工人一天大约能织一平方英尺。而质量最好的北京地毯一平方英尺仅仅卖到1.5墨西哥元，也就是说不到两先令，即使在最上流的商店里售价也不过如此。由此，我们可以推算出，一个纺织工人一天的工资最多也只有几美分而已。但是，地毯图案的设计人员的收入却是十分丰厚的。他们会在工作台前的墙壁上挂满大小不一、颜色各异的蝴蝶标本以及各色干花。他们从中不断获得灵感，设计出新的图案和色彩。正是这些独具匠心的设计使欧美的贸易公司获得了丰厚的利润。

清理羊毛

女人们正在忙着整理待纺织的羊毛

>> 明朝英宗皇帝

明朝英宗皇帝统治期间，宫中有一个太监叫王振。他野心勃勃，心狠手辣，英宗对他言听计从。王振利用英宗对他的宠幸，把明朝一步步推向战争的深渊，他的观点是当国家出现混乱，陷于危难时，皇帝会更需要他。

一次，王振进谏英宗攻打蒙古，称此举可以增强国力，远振国威。英宗听信了王振的蛊惑，离开京都，御驾亲征。当他行军路过城外一个叫沙车辰的小村庄时，一个尼姑突然出现在他的马前，拦住了他的去路。尼姑恳求英宗班师回朝，不要去攻打蒙古，如若不然，一定会给国家和人民带来深重的灾难。

但英宗并没有听从尼姑的劝告。他命令手下士兵将尼姑带走，继续向蒙古进军。

很快，英宗皇帝便遇到了蒙古大军，一场血战之后，英宗被俘，明朝大军全军覆没。英宗被蒙古人囚禁了三年。在此期间，风尘之中出现在他面前的那个尼姑一直萦绕在他的脑海里，警告他不要攻打蒙古。

最终，英宗皇帝被释放，恢复了自由，后来他通过发动“夺门之变”，再次登基。英宗回到紫禁城后所做的第一件事就是寻找那个尼姑。尼姑被找到后，英宗为了表示感激，盛情地款待了她，并封赐她“皇姑”的名号。英宗责令宫中最好的建筑师在北京城外的“黄村”附近修建了一座尼姑庵，供她安享晚年。这位皇姑后来深受英宗皇帝和百姓的爱戴和敬仰。

后来，这座尼姑庵被命名为“皇姑寺”,意思就是“皇帝姑姑的寺庙”。

铜炉中的佛像

普祜祥雲

皇姑寺大门

>> 颐和园

晨光掠过昆明湖

颐和园长廊

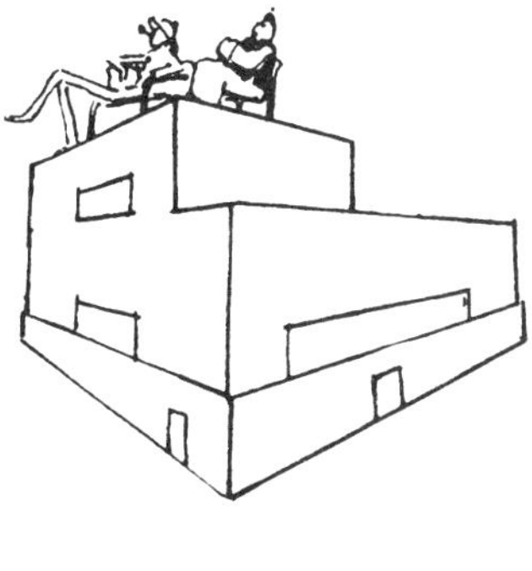

万寿山

石舫

>> 修补羊皮

>> 辘轳

在北京和中国许多其他地方，水是货物，被小贩卖各类人群，这主要是因为大多数人没有供水设备。因此，一些干苦力活儿的用辘轳把水从井里取出，然后用手推车运到各地叫卖。

汲水的人

水虽然不值几文，但如果用量很大的话，那也是一笔不小的支出。皮姆先生认为，当一个人想清洗时，应该先拷问自己，脏从何来！

>> 紫禁城

一天，皮姆先生和吴先生来到紫禁城参观游览。“人们为什么把北京的皇宫叫做‘紫禁城’呢?”皮姆先生问吴先生。吴先生答道：“实际上，从前中国人平时并不谈论紫禁城。按照汉语的原意，紫禁城是‘神圣之城或禁地’的意思。神圣，是因为天子住在里面；禁地，是因为在辛亥革命之前，除了皇亲国戚和大臣们，没有人曾经进入过这座‘城中之城’”。

公元1267年，蒙古皇帝忽必烈在北京建造了一群金碧辉煌的宫殿，这群宫殿给马可波罗以及许多来此觐见的人们留下了深刻的印象。在蒙古皇宫的遗址上，明朝永乐皇帝于15世纪下旨修建了紫禁城。

进入紫禁城，展现在游客面前的是一座座宫殿，宫殿的整体设计完全遵循天文学的原理。紫禁城是一座长方形的城池，所有大殿严格按照罗盘指针确定方位，一律坐北朝南，因为皇帝所用之门必须顺应天道。每一组宫殿都被一圈紫红色的围墙围住，这样可以使皇帝及其眷属与紫禁城内的几千名侍从完全隔离开来，以确保皇族的安全并维护他们的权威和尊严。这些侍从有的为皇室家族服务，有的在紫禁城内的寺庙、书院、剧院或仓房里工作。宫殿区有很多风景如画的庭院——有的庭院被蜿蜒曲折的小溪分成两部分，溪上架大理石桥，将两边连接在一起；有的庭院被错落有致的红色大门隔开。在这些供人休憩的庭园里，建有漂亮的假山和宝塔——它们属于典型的中国园林建筑。通往清凉石洞或茶亭的小路精巧别致，小路上镶嵌着精美的图案。

从皇城的南大门一直向前走，就会看到三座金銮宝殿。当初，每逢皇帝的生日、新年和冬至，都会在此举行盛大的庆典活动。走出金銮宝殿的北门，便到了皇帝和后妃们居住的地方。末代皇帝溥仪在1924年逃往天津之前一直居住在那里。1931年“九·一八”事变后，溥仪在侵华日军的策划下潜往东北。1934年3月在东北再次登基，改称伪“满洲帝国”皇帝。

在金銮殿的东北部，有一个宴会厅。早期的清朝统治者经常在这里宴请王公大臣，人数都在千人以上。在离宴会厅不远的地方，有一座宫殿，这里是皇帝举行大婚典礼以及保存御玺的地方。东西两边的宫殿被围墙隔开。

西边的宫殿现在是国家博物馆，三个大厅里陈列的展品都是中国历代的名画、青铜器、瓷器以及其他古玩。几个世纪前，满族人把这些珍藏品带进了北京。这些稀世珍宝价值大约三千万墨西哥元。博物馆里的珍藏品很多，如果要对所有这些珍奇古玩进行一次细致的研究，得需要很长一段时间。

皮姆先生没有时间对这些宝贝做深入的研究，于是他迈步走出了博物馆，信步徜徉在宫殿群和花园之中。他对眼前的一切感到不可思议：紫色的城墙、大帐篷似的金色屋顶、鲜艳的花朵、深绿色的古树，这一切与蓝天白云交相辉映……啊！紫禁城！

紫禁城午门

>> 遛鸟

一般情况下，中国人并不像我们一样热爱动物，唯一的例外就是他们对鸟类情有独钟。皮姆先生经常见到这样一些中国人，他们用手小心翼翼地托着鸟笼，让笼中的小鸟沐浴着和煦的阳光。在鲜花开满枝头的树丛中，鸟儿在自由地歌唱。不知道他们是不是想让笼中的小鸟聆听并附和这些鸟儿的歌声呢?

遛鸟的老汉

>> 长城

万里长城

去火车站

旅游结束，踏上火车，离开北京。

再見

GOOD-BYE!